Liebe Maria,

das Glück ist weder
Raum noch Fläche,
ist nur ein Punkt
nicht mal ein Strich.
Doch wer die Punkte
seines Lebens sammelt,
hat einen Sternenhimmel
über sich!

Das wünschen Dir
Andrea und Alois

15.07.10

Bernd Römmelt

SÜDTIROL

Bernd Römmelt

SÜDTIROL

rosenheimer

STUBAIER ALPEN
SAMNAUN GRUPPE
Ober Inn tal
Pfunds
Kauner tal
Pitz tal
Ötz tal
Sölden
Zuckerhütl
Brenner
Wipp tal
ZILLERTALER
Gr. Mös
Speicher Gepatsch
Finstermünzpass
Nauders
ÖTZTALER ALPEN
Wildsp.
Timmelsjoch
Pflerschtal
Ridnauntal
Sterzing
Pfitscher Tal
Pfunderer Tal
Valser Tal
Engadin
Inn
Reschen p.
Reschensee
Langtauferer Tal
Ratschnigs tal
Jaufental
Jaufen p.
Penser J.
Eisack tal
Schuls
St. Valentin a. d. Halde
Similaun
Hot. Kurzras
Pfelderer Tal
St. Leonhard i. P.
Vernagt
Schnalstal
Matscher Tal
Passeier Tal
SARN-TALER
Penser Tal
Durnholz
Durnholzer Tal
ALPEN
Brixen
NA GRUPPE
TEXELGR.
Schl. Tirol
Dorf Tirol
Mals
Glurns
Schluderns
Churburg
Ofenpass
Partschins
Meran
Hafling
Sarnthein
Klausen
Wurzjoch
St. Magdalena
Villnöß
Vinschgau
Naturns
Münster tal
Prad a. St.
Laas
Schlanders
Etsch
Burgstall
Lajen
Barbian
Gröden Tal
St. Ulrich
Wolkenstein
Grödner Joch
Kastelruth
Suldental
Trafoier Tal
Umbrailpass
Stilfser J.
Sulden
Ortler
Martell tal
Ulten tal
Gampen J.
Etschtal
Sarntal
Ritten
Seiser Alm
Lang-kofel
SELLA
Völs
Schlern
Sellajoch
Königs sp.
Bormio
ORTLER GRUPPE
St. Gertraud
Bozen
Tierser Tal
Rosengarten sp.
Niger p.
Canazei
Pordoi
Eppan
Eggental
Mendelpass
Welschnofen
Karerp.
Karersee
Kaltern
Kalterer See
Latemar
Valle di Rabbi
Fassatal
V. di S. Pellegrino
Pso. di S. Pe
Moena
Sondalo
Pso. di Gavia
Valle del Monte
Male
Cles
Val di Non
Auer
Lavaze J.
Val Meledrio
BRENTA-GRUPPE
Cavalese
Predazzo
V. Travignolo
Pso. di Rol
Ponte di Legno
Pso. del Tonale
Val di Sole
Madonna di Campiglio
Salurn
San
di C

Inhaltsverzeichnis

Vorwort

Wenn ich nun am Ende dieses Buchprojektes zurückblicke, dann kommt Wehmut auf. Drei lange Jahre habe ich mich dreißig, vierzig Mal im Jahr von München über den Brenner nach Süden »gekämpft«, um ein Land zu dokumentieren, das ich getrost als »Paradies auf Erden« bezeichnen kann. Zumindest ist es für mich persönlich zu einem kleinen Paradies geworden. War es am Anfang »nur« ein weiterer Buchauftrag, so wurde Südtirol im Laufe der Zeit zur wahren Obsession. Ursprünglich war nur ein Jahr geplant, um das Land zu fotografieren, doch es kam alles anders:

April 2007, meine erste Fahrt nach Südtirol. Ich will die Obstblüte in Meran und Umgebung fotografieren. Das Wetter ist prächtig, keine Wolke trübt den stahlblauen Himmel. Ich streife durch die Obstplantagen oberhalb von Dorf Tirol. Die schneeweißen Blüten der Apfelplantagen leuchten in der Sonne. Im Hintergrund erheben sich die schneebedeckten Gipfel der Texelgruppe. Ich glaube, es war an diesem ersten Morgen, als sich mir das »Paradies Südtirol« öffnete. Ich kann mich noch genau erinnern, wie ich den ganzen Tag in den Obstplantagen herumirrte, Apfelblüten, Löwenzahnwiesen und Kirchtürme fotografierte und am Abend, ohne etwas zu essen, erschöpft, aber zufrieden in mein Auto sank. Der Mix aus mediterraner Vegetation und schroffen Bergwelten war etwas ganz Neues, Faszinierendes. Die nächsten Tage erkundete ich den Vinschgau, fuhr die großen, berühmten Dolomitenpässe, entdeckte die kleinen, verwunschenen Seitentäler im Pustertal und die winzigen Bergstraßen am Ritten.

Von nun an gab es für mich kein Halten mehr. So oft es nur irgendwie ging, machte ich mich auf gen Süden. Ich wollte das Land durch eigenes Erfahren, eigenes Erleben und Sehen kennenlernen und so verzichtete ich größtenteils darauf, Reiseführer zu lesen. Ich fuhr in jedes noch so kleine Tal und auf jeder noch so engen Bergstraße, getrieben von einer unbändigen Neugier auf Land und Leute. Für das Buch wollte ich Bilder machen, die Südtirol in all seinen Facetten zeigen. Natürlich standen für mich als Landschafts- und Bergfotografen die grandiosen Gebirgswelten Südtirols im Vordergrund: Dolomiten, Sarntaler Alpen, Texel- und Ortlergruppe – allesamt Gebirgszüge, die einen eigenen Bildband wert sind. Doch was wäre Südtirol ohne seine Städte Meran, Bozen, Brixen oder Sterzing, ohne den Kontrast zwischen Kultur und Natur? Zugegeben: Den Metropolen Bozen und Meran näherte ich mich erst skeptisch und zögerlich – schreckten mich die vielen Leute doch irgendwie ab –, um dann aber festzustellen, welchen Charme diese mediterranen »Bergstädte« doch haben. Heute weiß ich es zu schätzen, an einem lauen Sommerabend an der Passer in Meran entlangzuschlendern oder am Waltherplatz in Bozen ein Eis zu essen.

Was mich neben der wirklich grandiosen Natur im Laufe der Zeit immer mehr an Südtirol faszinierte, war, dass Tradition und Moderne hier scheinbar problemlos miteinander harmonieren. Die Menschen leben hier ganz selbstverständlich in einer globalisierten, modernen Welt und halten ebenso selbstverständlich uraltes Brauchtum am Leben. Und gerade diese alten Bräuche haben mich in ihren Bann gezogen. Also machte ich mich beispielsweise im Winter auf nach Stilfs, um das Klausentreiben zu dokumentieren. Ich fuhr im Dezember ins Sarntal, um die Klöckler zu sehen, und kämpfte mich im März durch meterhohen Schnee, um ein Mal das Scheibenschlagen in Prad miterleben zu dürfen. Diese Ereignisse waren für mich absolute persönliche und fotografische Highlights.

Welche Region Südtirols hat mich nun am meisten beeindruckt, welche ist mir am meisten ans Herz gewachsen? Sicherlich sind die grandiosen Gipfel der Dolomiten für jeden Fotografen eine fantastische Spielwiese. Die Dolomiten sind für mich die schönsten Berge der Welt. Auch die Ortlergruppe ist bergsteigerisch und fotografisch eine eigene Wunderwelt. Doch am wohlsten habe ich mich in den kleinen, ruhigen Seitentälern gefühlt. Im Martelltal, im Langtauferer Tal, im Mühlwalder Tal, im Ridnauntal oder dem Pfelderer Tal. Die kleinen, stillen Täler abseits des Trubels sind für mich das Herz Südtirols. Hier funktioniert der Alltag noch auf eine ganz andere Art. Alles ist langsamer, weniger hektisch. Oasen der Stille für uns lärmgeplagte Großstädter.

Südtirol ist ein Paradies – eine Region, die landschaftliche mit kulturellen (und kulinarischen) Höhepunkten vereint. Ich hatte das Privileg, das Land drei Jahre mit der Kamera zu erkunden, und hoffe, dass es mir gelingen wird, Sie, liebe Leserinnen und Leser, für eine der schönsten Alpenregionen zu begeistern.

S. 5: Der Winter kann in den Hochlagen der Dolomiten – wie hier am Giaupass – bis Anfang Mai andauern.

Goldgelb verfärbte Lärchen spiegeln sich im Pragser Wildsee.

Einleitung

Die Geislerspitzen glühen im Licht der letzten Sonnenstrahlen.

Löwenzahnwiesen dominieren im Mai vielerorts das Landschaftsbild. Links bei Marling im Etschtal, rechts nahe Prad im Vinschgau.

Offizielle Bezeichnung: Autonome Provinz Bozen – Südtirol; Fläche: 7.400 Quadratkilometer; Einwohner: knapp 490.000; Hauptstadt: Bozen; Sprachgruppen: Deutsch (69 Prozent), Italienisch (27 Prozent), Ladinisch (4 Prozent); Bruttoinlandsprodukt pro Kopf: 31.700 Euro; Arbeitslosenquote: 2,6 Prozent; wichtigste Wirtschaftszweige: Tourismus, Obstanbau, Weinanbau, Milch- und Viehwirtschaft, Handwerk und sonstige Dienstleistungen – das ist Südtirol in bloßen Daten und Fakten. Was ist aber an dieser Region zwischen Ortler und Drei Zinnen so faszinierend, dass alljährlich Tausende Touristen aus nah und fern hierher kommen, um Urlaub zu machen? Wenn ich zurückblicke, die Augen schließe und darüber nachdenke, dann schießt mir vieles durch den Kopf: die uralten Bauernhöfe, die sich wie Schwalbennester an die Hänge schmiegen, die engen Seitentäler abseits der viel befahrenen Routen, in denen die Zeit stehen geblieben scheint, die sagenhafte Bergwelt der Dolomiten, die einem vor Anmut und Schönheit den Atem raubt, die Menschen, denen eine ganz besondere Ruhe und Gelassenheit innewohnt, die lebendigen alten Bräuche, die anderswo längst in Vergessenheit geraten sind … Das ist für mich Südtirol. Es ist die landschaftliche und kulturelle Vielfalt, die nur dort entstehen kann, wo der Süden Europas auf den Norden trifft.

Landschaftlich geprägt wird Südtirol von den großen Tälern, die sich hier an der Südseite der Alpen im Laufe der Jahrtausende eingegraben haben. Fünf große Flusstäler dominieren heute das Landschaftsbild: Eisacktal, Vinschgau, Etschtal, Pustertal und Passeiertal. Die Täler prägten die Landschaft, aber auch die Lebensweisen und Eigenarten ihrer Bewohner, die auf eine bewegte Geschichte zurückblicken können.

Geschichte

Die Geschichte Südtirols beginnt nicht erst im November 1918, als im Friedensabkommen von Saint-Germain der südliche Teil Tirols mit seiner deutschsprachigen Bevölkerungsmehrheit zu Italien gelangte. Spätestens seit dem Fund des Gletschermannes »Ötzi« ist jedermann bewusst, dass die Region südlich des Brenners bereits in der Jungsteinzeit besiedelt war.

Skeptisch blickt die Kuh auf den Fotografen. Im Hintergrund: Plätzwiesen und Hohe Gaisl.

S. 14/15: Die Seiser Alm ist die größte Hochalm Europas. Der Blick schweift über die weite Almfläche bis zu den Zillertaler Alpen.

Als die Römer im 2. Jahrhundert v. Chr. in den Norden vordrangen, stießen sie auf die dort lebende Bevölkerung, die sie als »Räter« bezeichneten. Aber auch die Räter waren nicht die ursprünglichen Siedler. Ligurer und Etrusker erschlossen schon vor den Römern das Gebiet südlich des Alpenhauptkammes. Für die Römer hatte der Alpenraum zunehmend strategische Bedeutung, wollten sie doch weiter nach Norden, ins Land der wilden Germanen, was dann allerdings nur bedingt glückte …

Im 5. Jahrhundert war das Weströmische Reich am Ende, an allen Fronten drangen fremde Stämme und Völker ins Reich vor. In Norditalien waren es zunächst die Ostgoten, später die Langobarden, die den Platz der Römer einnahmen. Aber auch das Reich der Langobarden, das immerhin beinahe 200 Jahre bestand und auch Teile Süditaliens einnahm, war immer wieder von Norden her bedroht. Bayern und Alemannen drangen sporadisch nach Süden vor. Die ursprünglich ansässigen Räter zogen sich bei diesem Durcheinander immer weiter in ihre entlegenen Täler zurück und hielten damit ihre eigene Kultur und Sprache am Leben. Das noch heute in manchen Gegenden des östlichen Südtirols gesprochene Ladinische hat hier seine Wurzeln.

Dem Reich der Langobarden wurde 774 ein Ende gesetzt. Karl der Große eroberte das Gebiet und setzte im gesamten Alpenraum die fränkische Gauverfassung ein. Tirol und Südtirol waren seit Langem wieder unter einem herrschaftlichen Dach vereint. Es war Otto I., der zwei Jahrhunderte später eine neue Ordnung schuf. Er löste die Grafschaft Trient aus der Mark Verona heraus und gliederte sie dem Herzogtum Bayern an. Ab dem 9. Jahrhundert ließen sich verschiedene bayerische Adelsgeschlechter im Alpenraum nieder.

Einem davon ist dabei besondere Aufmerksamkeit zu widmen: Die Grafen von Vinschgau, die sich nach ihrer oberhalb von Meran erbauten Burg Tirol die »Grafen von Tirol« nannten, wurden um das Jahr 1250 zu den mächtigsten Fürsten vom Pustertal bis zum Vinschgau. Nach und nach begannen sich die Fürsten vom Herzogtum Bayern unabhängig zu machen. Im Jahr 1363 übergab die letzte Erbin des Hauses Tirol, Margarete Maultasch, die Grafschaft Tirol an Rudolf IV. von Habsburg. Für fünfeinhalb Jahrhunderte verband sich nun das Schicksal Tirols mit dem Schicksal Österreichs. Herzog Friedrich IV. verlegte 1420 den Regierungssitz von Schloss Tirol nach Innsbruck. Aber auch in den folgenden Jahren und Jahrzehnten kam das Land nicht zur Ruhe. Der Brixener Aufstand gegen die Fürstenschaft im Jahre 1525 zeigte die Unzufriedenheit der Bauern und von Teilen der Stadtbevölkerung mit ihren Herrschern.

Ende des 18. Jahrhunderts drohte neue Gefahr aus dem Westen: Napoleon veränderte die Grenzen Europas scheinbar nach Belieben. Die Koalitionskriege zwischen Frankreich und Österreich machten auch vor Tirol nicht halt. 1797 vertrieben die mit Äxten und Heugabeln bewaffneten Tiroler das französische Heer bei Brixen. Dieser Sieg konnte jedoch die anschließende Niederlage Österreichs nicht verhindern. In der Schlacht von Austerlitz im Jahr 1805 siegte Napoleon triumphal. Österreich musste infolge der Niederlage Tirol an das Königreich Bayern abtreten, das mit Frankreich verbündet war. Die Bayern taten alles, um das Ehrgefühl der Tiroler mit Füßen zu treten. 1808 verschwand sogar der Name Tirol. Das Land sollte jetzt Südbayern heißen. Fast folgerichtig erhoben sich die Tiroler im Jahre 1809 gegen die Bayern und Franzosen. Die schlecht ausgerüsteten Tiroler schlugen die Bayern unter der Führung des Passeier Gastwirtes Andreas Hofer mehrmals am Bergisel in die Flucht. Leider nur ein kurzer Triumph. In der vierten Schlacht am selbigen Berg mussten sich die mutigen Tiroler Bauern der Übermacht des Feindes ergeben und erlitten eine vernichtende Niederlage. Andreas Hofer wurde im Jahr 1810 in Mantua hingerichtet. Doch auch Napoleons Glück war nur von kurzer Dauer. Nach seiner Unterwerfung kehrte Tirol 1815 zurück in den Schoß Österreichs.

Südtirol nach dem Ersten Weltkrieg

Italien war zu Beginn des Ersten Weltkrieges formell Mitglied des Dreierbundes mit Österreich-Ungarn und dem Deutschen Reich. 1915 schlugen sich die Italiener jedoch auf die Seite der Alliierten. Es entbrannte ein blutiger Gebirgskrieg zwischen italienischen Alpini auf der einen Seite und österreichischen und bayerischen Gebirgsjägern auf der

Die Kirche St. Magdalena am Ende des Villnößtals.

S. 17: Das Latemar spiegelt sich im Karersee.

Der Schlern leuchtet im Licht der aufgehenden Sonne.

anderen Seite. Noch heute sind in den Dolomiten und um den Ortler die Reste der grausamen Schlachten zu sehen. 1918 endete der Schrecken des Ersten Weltkrieges und im Waffenstillstandsabkommen von Saint-Germain wurde Italien, das nun auf der Siegerseite stand, nicht nur das überwiegend italienischsprachige Trentino zugesprochen, sondern auch der überwiegend deutschsprachige Teil Südtirols von Salurn bis zum Alpenhauptkamm. Für die deutschsprachigen Südtiroler begann nun eine Zeit der Repressalien. So wurde beispielsweise Deutsch als Unterrichtssprache verboten, die Behördensprache wurde Italienisch, Südtirol wurde zu »Alto Adige«. Mit Aufkommen des italienischen Faschismus in den 1920er-Jahren begann eine weitere Italianisierung Südtirols. So wurde die Einwanderung italienischer Industriearbeiter insbesondere nach Bozen massiv gefördert. Die Hoffnung der Südtiroler, dass sie mit Adolf Hitler einen mächtigen Verbündeten erhielten, erwies sich schnell als Luftblase. Hitler einigte sich mit seinem Bündnispartner Mussolini auf ein sogenanntes Optionsmodell. Deutschsprachige Südtiroler hatten bis Ende 1939 die Wahl, entweder italienische Staatsbürger zu bleiben oder ins Deutsche Reich umzusiedeln. Mehr als 80 Prozent der Südtiroler entschieden sich für das Reich. Der Zweite Weltkrieg verhinderte dann aber eine Massenauswanderung. Immerhin 77.000 Südtiroler verließen ihre Heimat, zwei Drittel von ihnen kehrten nach Kriegsende 1945 wieder zurück.

Im Pariser Abkommen erreichten die Südtiroler immerhin den Autonomiestatus für ihre Provinz Bozen. Die italienische Regierung versuchte allerdings, die Autonomie gezielt zu unterlaufen. Wie bereits in den 1920er-Jahren wurden weiter süditalienische Arbeiter in Südtirol angesiedelt und außerdem die Provinz Bozen mit dem Trentino zusammengelegt. All das schürte die Unzufriedenheit der Südtiroler. Die zunehmende Radikalisierung führte in den 1960er-Jahren zu einer Serie von Sprengstoffanschlägen auf Strommasten und Einrichtungen des italienischen Staates. Erst 1972 trat nach zähen Verhandlungen ein neuer Autonomiestatus in Kraft, der den Südtirolern weitgehende Rechte einräumte. So wurde zum Beispiel die Zweisprachigkeit Gesetz.

Blick über die Seiser Alm auf die Langkofelgruppe.

Die Gegenwart

Heute spricht die junge Generation der Südtiroler selbstverständlich deutsch und italienisch. Man fühlt sich als Südtiroler, nicht als Österreicher oder Italiener. Im vereinten Europa verschwinden die Grenzen. Wichtig für das »Wirtschaftswunderland« Südtirol ist neben der politischen, kulturellen und sprachlichen, auch die finanzielle Unabhängigkeit. 90 Prozent aller Einnahmen bleiben im Land.

Südtirol boomt. Von einer Arbeitslosenquote von knapp 2,6 Prozent (2006) können viele andere Regionen nur träumen. Die wichtigsten Wirtschaftszweige sind heute der Tourismus, gefolgt von der Landwirtschaft und dem Handwerk. Interessant ist, dass in einer ehemals stark landwirtschaftlich geprägten Region heute fast 70 Prozent der Beschäftigten im Dienstleistungssektor arbeiten, wobei der Großteil davon wiederum im Tourismussektor zu finden ist. Allein das Gastgewerbe hat einen Anteil am Bruttoinlandsprodukt von 11,5 Prozent. Die Besucher aus Deutschland führen die »Übernachtungsrangliste« mit ca. 12,5 Millionen Übernachtungen pro Jahr vor den Italienern mit ca. 9,8 Millionen Übernachtungen an.

Lediglich sieben Prozent der Erwerbsbevölkerung waren im Jahr 2006 in der Landwirtschaft beschäftigt. Welcher Tätigkeit nachgegangen wird, ist wiederum abhängig von der Region. So wird im Vinschgau, im Etsch- und Eisacktal traditionell Obst- und Weinanbau betrieben – zehn Prozent aller Äpfel aus der EU stammen aus Südtirol –, im wesentlich kälteren Puster- und Wipptal dagegen steht die Milchwirtschaft an erster Stelle. Der Weinanbau hat insbesondere im südlichen Teil Südtirols eine lange Tradition. So wird der Wein aus der Traminer Gegend schon um das Jahr 1000 das erste Mal erwähnt.

Geografie und Klima

Es waren in erster Linie landschaftliche Gegebenheiten, die Südtirol in heute acht Bezirksgemeinschaften gliederten: Wipptal, Eisacktal, Salten-Schlern, Pustertal, Bozen, Überetsch-Unterland, Vinschgau und Burggrafenamt.

Die einzelnen Regionen unterscheiden sich im Klima und dementsprechend in der Vegetation beachtlich. Die schneebedeckten Gipfel des Hochgebirges im Pustertal, im Wipptal oder in den Dolomiten stehen den fast mediterranen Tälern um Bozen und Meran gegenüber. Der Vinschgau gilt als eines der niederschlagsärmsten Täler der Alpen. Beste Bedingungen also, um Obstbau zu betreiben. Ein ausgeklügeltes Bewässerungssystem, die Waale, führt frisches Gebirgswasser auf die fruchtbaren Böden des Tals.

Fünf Klimazonen prägen Landschaft und Mensch: das trockene insubrische Klima (von Salurn bis Bozen), das submontane mitteleuropäische Klima (Vinschgau, südliches Eisacktal), das montane mitteleuropäische Klima (nördliches Eisacktal, Pustertal), das subalpine Klima des Berglandes über 2.200 Meter und das alpine Klima der hochalpinen Gipfelregionen. Was Südtirol so besonders macht, ist die Tatsache, dass hier verschiedene Klimazonen in unmittelbarer Nähe aufeinandertreffen. Herrscht beispielsweise in Meran insubrisches Klima mit einer Jahresdurchschnittstemperatur von 12 Grad Celsius, so trifft man nur ein wenig weiter oben auf den Kämmen der Texelgruppe auf subalpines oder auch alpines Klima.

Das Aufeinandertreffen von »mildem Süden« und »wildem Norden« und die damit einhergehende Vielfalt der Natur- und Kulturräume machen Südtirol zu einem Juwel der Alpen. Die folgenden Kapitel stellen sechs Regionen näher vor, wobei sie auf eine verwaltungstechnisch korrekte Untergliederung des Landes verzichten und eine eher landschaftlich geprägte Gliederung vorziehen.

Sonnenuntergang über der Marmolada, vom Kleinen Lagazuoi aus gesehen.

Wipptal und Eisacktal

Das Villnößtal gehört zu den schönsten Tälern Südtirols. Markantes Wahrzeichen des Tals sind die zackigen Spitzen der Geislergruppe.

Das Ridnauntal zweigt von Sterzing Richtung Westen ab. Nur wenige Besucher verirren sich hierher. Zu Unrecht, bietet das Tal doch traumhafte Wandermöglichkeiten in den angrenzenden Stubaier Alpen.

Wer von Norden über den Brenner nach Südtirol reist, den führt die 1971 fertiggestellte Brennerautobahn automatisch ins Eisacktal. Es ist eines der Haupttäler Südtirols, das vom Ursprung des Eisacks am Brenner bis zu dessen Mündung in die Etsch bei Bozen reicht. Das Gebiet nördlich von Franzenfeste bis zum Brenner, das Obere Eisacktal, wird aus historisch-kulturellen Gründen zum Wipptal gerechnet, das wiederum bis über die Grenze nach Österreich reicht. Bereits Kaiser Claudius ließ um 50 n. Chr. eine Römerstraße über den 1.370 Meter hohen Brenner bauen. 1867 kam die Eisenbahnverbindung, 1971 die Autobahn.

Das Eisacktal wird vom gleichnamigen Fluss, dem Eisack, geprägt. Die bekanntesten Orte im Tal sind Sterzing, Brixen, Klausen und Waidbruck. Sterzing ist der erste Ort, auf den man von Norden kommend trifft. Das 6.000-Einwohner-Städtchen war aufgrund seiner geografischen Lage seit jeher eine bedeutsame Handelsstadt. Wichtige Alpenpässe wie Brennerpass, Jaufenpass oder Penser Joch finden hier ihren Ausgangs- bzw. Endpunkt. Frühe Siedlungsreste stammen aus prähistorischer Zeit. Und auch die Römer errichteten hier eine Siedlung – Vipitenum. Der Name diente als Vorlage für die im Zuge der

Italianisierung geschaffene Ortsbezeichnung Vipiteno.

Graf Meinhard II. von Tirol erhob die Siedlung um 1280 zur Stadt. Den steilsten Aufschwung erlebte Sterzing Anfang des 15. Jahrhunderts, als im angrenzenden Ridnauntal große Silbervorkommen gefunden wurden. 1443 brannte die Altstadt nieder, man baute sie wieder auf und noch heute wird zwischen Alt- und Neustadt unterschieden. Das Wahrzeichen Sterzings, der Zwölferturm, bildet die Grenze zwischen der alten und der neuen Stadt. Als sich Ende des 16. Jahrhunderts die Silbervorkommen erschöpften, begann die Stadt, ihre Bedeutung zu verlieren. Heute ist Sterzing eine schön herausgeputzte Kleinstadt. Besonders die Altstadt mit

S. 26: Langsam taucht die aufgehende Sonne die Zillertaler Alpen und das Eisacktal in orangefarbenes Licht. Das Penser-Joch ist der Aussichtsplatz par excellence.

Eine Trapperhütte im Yukon? Nein, eine kleine Holzhütte an der Penser-Joch-Straße.

Tief verschneit zeigt sich der Kirchturm von St. Peter am Eingang zum Grödnertal.

ihren verwinkelten Gassen, prächtigen Bürgerhäusern, mittelalterlichen Plätzen und den vielen kleinen Geschäften zieht immer mehr Touristen an. Vor wenigen Jahren wurde die Stadt zu einer der schönsten Kleinstädte Italiens gekürt. Sterzing ist auch ein guter Ausgangspunkt für Ausflüge zum nahen Jaufenpass, zum Penser Joch, ins Ridnauntal oder ins Pfitscher Tal.

Der Jaufenpass, der nur einen Katzensprung von Sterzing entfernt liegt, verbindet das Passeiertal mit dem Wipptal. Die kurvenreiche Straße windet sich bis auf 2.094 Meter Höhe. Dort angelangt, genießt man einen traumhaften Blick auf die Stubaier und Ötztaler Alpen im Norden und Nordwesten sowie auf die Texelgruppe im Süden. In unzähligen Kehren geht es vom höchsten Punkt hinunter nach St. Leonhard im Passeiertal.

Das Penser Joch ist nicht weniger spektakulär. Die Penser-Joch-Straße verbindet das Sarntal mit dem Wipptal. Die enge Straße führt auf 2.211 Meter Höhe. Bis zu 13 Prozent beträgt die Steigung auf manchen Teilen der durchgehend gut befestigten Strecke. Oben angelangt, führt die Straße absteigend durch eine wilde Hochgebirgslandschaft direkt ins Sarntal und weiter nach Bozen.

Das Ridnauntal ist ein 18 Kilometer langes Seitental des Eisacktals. Im Süden wird es durch die nördlichen Ausläufer der Sarntaler Alpen begrenzt, im Norden bilden die Stubaier Alpen eine natürliche Barriere. Das westliche Ende des Tals markiert der Schneeberg,

S. 30/31: Die Täler liegen im Nebel versunken und auf den Bergen herrscht schönster Sonnenschein – die typische Inversionswetterlage im Herbst. Vom Jaufenpass hat man einen traumhaften Blick auf die angrenzenden Stubaier Alpen.

Der Christkindlmarkt in Sterzing.

Ein Bergbauernhof bei Lajen.

S. 33: Brixen ist der Hauptort des Eisacktals. Größte Attraktion der Stadt ist der barocke Dom mit seinem Domkreuzgang. Dessen beeindruckende Wandmalereien werden oft als »größtes Denkmal alpenländischer Malerei« bezeichnet.

Am zweiten Sonntag nach Ostern lockt die prächtige Kassian-Prozession Tausende Menschen nach Brixen.

der in erster Linie durch seine 900-jährige Bergbaugeschichte bekannt wurde. Das Ridnauntal ist auch ein erstklassiger Ausgangspunkt für Bergtouren in die Stubaier Alpen. Vom Lärm und von der Hektik der Brennerautobahn ist hier nichts mehr zu spüren. Ähnliches gilt für das Pfitscher Tal, das von Sterzing 36 Kilometer nach Nordosten in die Zillertaler Alpen führt. Endpunkt ist das Pfitscher Joch auf 2.246 Metern Höhe. Von hier aus führt ein Wanderweg weiter zum Zamser Grund, der schon auf österreichischer Seite liegt.

Folgt man der Brennerautobahn von Sterzing aus weiter Richtung Süden, so gelangt man nach ein paar Kilometern nach Brixen. Dieser Ort gilt als älteste städtische Siedlung Tirols und war jahrhundertelang Bischofssitz, bis dieser 1964 nach Bozen umsiedelte. Bereits 900 n. Chr. wurde die Stadt erstmals urkundlich erwähnt. Erste Siedlungsspuren reichen aber in prähistorische Zeiten zurück. Die geografisch günstige Lage zwischen Eisack- und Pustertal, am Zusammenfluss von Eisack und Rienz, zog die Menschen an. Die Stadt in ihrer heutigen Form entwickelte sich zwischen dem 5. und 8. Jahrhundert. Über viele Jahrhunderte hinweg war Brixen ein weit über die Tiroler Landesgrenzen hinaus einflussreicher Sitz von Fürstbischöfen. Heute ist die 19.000 Einwohner zählende Stadt die drittgrößte Südtirols und Hauptort des Eisacktals.

Die historische Altstadt zählt zu den Hauptattraktionen. Hier befinden sich der berühmte Brixener Dom und der angrenzende Kreuzgang mit seinen spätgotischen Fresken, die als größtes Denkmal alpenländischer Wandmale-

rei gelten, das Diözesan- und Krippenmuseum in der ehemaligen fürstbischöflichen Hofburg sowie die beiden Laubengassen. Brixen lebt aber nicht nur von seiner Geschichte, denn z. B. in der Cusanus Akademie oder im Forum Brixen trifft sich die internationale Fachwelt zu Kongressen und Symposien.

Etwas südlich von Brixen, kurz vor Klausen zweigt eine Straße in eines der schönsten und berühmtesten Seitentäler Südtirols ab: in das Villnößtal. Die ungefähr 24 Kilometer lange Straße führt direkt zu einem der wohl bekanntesten Südtiroler Postkartenmotive: der kleinen Kapelle St. Johann mit den faszinierend

Ein Postkartenmotiv ist dieser alte Bergbauernhof im Villnößtal mit den Geislerspitzen im Hintergrund.

S. 34: Der Herbst hat Einzug ins Eisacktal gehalten. Die Blätter der Weinreben leuchten im schönsten Rot und Orange.

Herbst im Villnößtal.

S. 37 oben: Die Kirche St. Johann in Ranui im Hinteren Villnößtal.
S. 37 unten: Haflinger grasen auf einer Wiese über dem Eisacktal bei Lajen.

und fast bedrohlich wirkenden Geislerspitzen im Hintergrund. Die Geislergruppe gehört zum Naturpark Puez-Geisler, der 1999 erweitert wurde und nunmehr eine Fläche von rund 10.200 Hektar umfasst. Südtirols weltbekannter Bergsteiger Reinhold Messner wurde im Villnößtal geboren.

Wer möchte, kann von dem kleinen Ort St. Peter aus über das Kofel- und Würzjoch in das angrenzende Gadertal fahren. Hier befindet man sich dann schon im Herzen der Südtiroler Dolomiten.

Doch zunächst zurück ins Eisacktal. Die nächste Station ist Klausen. Das kleine, aber

sehr beschauliche Städtchen mit rund 4.700 Einwohnern wurde erstmals 1027 urkundlich erwähnt. Im 13. Jahrhundert erhielt Klausen das Marktrecht und im Jahr 1308 wurde der Markt zur Stadt erhoben. Berühmt ist der durch die nahe Autobahn lärmgeplagte Ort in erster Linie wegen des Klosters Säben, das imposant auf den Säbener Burgfelsen thront. Kloster Säben war lange Zeit weniger ein Ort der Andacht und Religion als vielmehr eine starke Festung zur Abwehr von Feinden. Erst ein Blitzeinschlag im Jahr 1533, in dessen Folge die Anlage vollständig abbrannte, legte den Grundstein für das Benediktinerinnenstift, das auf den Ruinen der Festung errichtet wurde.

Klausen gilt heute als Törggelehauptstadt Südtirols. Das Wort »Törggelen« stammt von dem lateinischen Wort »torquere«, das so viel wie »Wein pressen« bedeutet, und bezeichnet einen alten Südtiroler Brauch. Nachdem nämlich der Wein eingefahren war, trafen sich die Weinbauern zum Probieren. Mit dabei waren natürlich Käse, Brot und Kaminwurzen. Das Törggelen wurde ein Selbstläufer. Immer mehr Leute aus nah und fern begeisterten sich für die Art der Südtiroler Weinprobe. Heute findet man in ganz Südtirol, hauptsächlich aber in der Gegend um den Ritten und im Unteren Eisacktal, Gasthäuser und Buschenschenken, die im Herbst zum Törggelen einladen.

Die Eisack trifft im Süden auf die Etsch. Dort öffnet sich das enge Eisacktal zu einem weiten Talkessel, der von Bozen, Südtirols größter Stadt, ausgefüllt wird.

Das Pustertal und seine Seitentäler

Die aufgehende Sonne schiebt sich langsam über die Berge. Im Hintergrund sind die schroffen Gipfel der Sextner Sonnenuhr zu bewundern. Das Pustertal ist noch in Nebel gehüllt.

S. 41: Von der Pustertaler Sonnenstraße bei Terenten genießt man an klaren Tagen einen sagenhaften Blick auf das gesamte östliche Pustertal.

Vom Dürrenstein schweift der Blick bis zu den nur schemenhaft zu erkennenden Deferegger Alpen.

Von Brixen zieht sich das Pustertal gen Osten bis nach Lienz in Osttirol. Knapp 60 Kilometer sind es von Mühlbach am Taleingang bis zur Grenze nach Osttirol. Häufig wird auch zwischen dem Unteren Pustertal und dem Hochpustertal unterschieden. Das Unterpustertal beginnt bei Mühlbach und erstreckt sich bis zum Hauptort Bruneck. Es umfasst die Ortschaften Mühlbach, Meransen, Vals, Vintl, St. Sigmund, Kiens und die Dörfer rund um Terenten sowie das Pfunderertal. Zum Hochpustertal gehören die Ortschaften weiter östlich wie Niederdorf, Prags, Toblach und Sexten. Große Teile des Hochpustertals wie z. B. der Naturpark Sextner Dolomiten, Heimat der weltberühmten Drei Zinnen, gehören zur Gebirgsgruppe der Dolomiten. Den Dolomiten wird allerdings in diesem Buch ein eigenes Kapitel gewidmet, sodass sie an dieser Stelle nicht beschrieben werden.

Verlässt man also die Brennerautobahn kurz vor Brixen, dann geht es auf der E66 direkt hinein ins Pustertal. Bei Vintl sollte man die Bundesstraße kurz verlassen und einen Abstecher auf die Pustertaler Sonnenterrasse unternehmen. Eine kleine kurvenreiche Straße führt hinauf auf das Sonnenplateau, von wo aus man einen schönen Blick über das gesamte Untere Pustertal und auf die Sextner Sonnenuhr ganz im Osten hat. Kurz vor Bruneck trifft die »Sonnenstraße« wieder auf die große Bundesstraße. Bruneck ist der Hauptort des Pustertals und mit knapp 15.000 Einwohnern Südtirols fünftgrößte Stadt. Erstmals urkundlich erwähnt wurde Bruneck im Jahr 1256. Der Name »Bruneck« leitet sich aller Wahrscheinlichkeit nach vom Gründer der Stadt, Fürstbischof Bruno von Kirchberg, ab, womit Bruneck die einzige Stadt Südtirols ist, die nach ihrem Gründer benannt wurde.

Im 14. und 15. Jahrhundert wuchs der Handel von Augsburg nach Venedig stetig an. Ein Teil der gehandelten Waren wurde auch durch das Pustertal geleitet und in Bruneck auf dem Ballplatz für längere Zeit gelagert. Das brachte der Stadt Geld und führte zu Wohlstand. Am 11. April 1723 vernichtete ein Großfeuer weite Teile der Stadt. Glück dagegen hatte Bruneck im Ersten Weltkrieg, wo die Stadt weitgehend von Zerstörung verschont blieb. Durch die Errichtung von Industriezonen und die Gründung neuer Handwerksbetriebe erlebte Bruneck nach dem Zweiten

Wie Schwalbennester kleben die Bauernhöfe an den Hängen über dem Mühlwalder Tal.

Weltkrieg einen neuerlichen Aufschwung. Heute ist Bruneck das wirtschaftliche Zentrum des Pustertals. Insbesondere das Industrie- und das Dienstleistungsgewerbe prägen die Wirtschaft. Hinzu kommen die touristischen Zentren in unmittelbarer Nähe, wie z. B. das Wintersportgebiet auf dem Kronplatz, von denen die Stadt profitiert. Gemessen an der Einwohnerzahl ist der Ballungsraum Bruneck sogar der zweitgrößte Arbeitgeber Südtirols.

Von Bruneck zweigt das Tauferer Ahrntal nach Norden ab. »Tauferer Ahrntal« ist die zusammenfassende Bezeichnung für das Tal des Baches Ahr. Das Tal wird häufig in zwei mit ei-

genen Namen versehene Talabschnitte unterteilt: Von Bruneck bis Sand in Taufers wird das Tal als Tauferer Tal bezeichnet, von dort bis zur Quelle der Ahr heißt es Ahrntal. Das gesamte Tauferer Ahrntal ist mit einer Fläche von 629 Quadratkilometern eines der größten Seitentäler Südtirols.

Folgt man der Straße von Bruneck aus gen Norden, so gelangt man bei Mühlen in Taufers zur Abzweigung ins Mühlwalder Tal, das als eines der ursprünglichsten Täler Südtirols gilt. Es führt direkt ins Herz der Zillertaler Alpen. Weißzint und Großer Möseler bilden die prächtige Kulisse. Schöne alte Bauernhöfe

Das Mühlwalder Tal ist bekannt für seine alten Mühlen, die hier noch in großer Anzahl zu bewundern sind.

S. 44/45: Die Sextner Sonnenuhr ist zum Wahrzeichen des kleinen Ortes Sexten geworden. Sie besteht aus fünf Dolomitengipfeln: dem Neuner-, Zehner-, Elfer-, Zwölfer- und Einserkofel.

kleben an den Hängen wie Schwalbennester. Am Wegesrand kann man noch viele alte Mühlen mit ihren großen Holzrädern bewundern, verstreut über das Tal sollen noch an die 80 von ihnen existieren.

Zurück ins Tauferer Tal. Am Nordende des Tauferer Bodens liegt auf 865 Metern Höhe der Hauptort des Tauferer Tals: Sand in Taufers. Berühmt ist der kleine Ort in erster Linie für seine Burg. Burg Taufers liegt auf einer natürlichen Bergnase auf 957 Metern Höhe. Die Burg wurde im Jahr 1225 in Nachfolge der Burg Tobel das erste Mal erwähnt. Im 15. Jahrhundert wurde sie umfassend ausgebaut und erhielt so ihr heutiges Gesicht. Nach offensichtlichen Verfallserscheinungen wurde die Burg im vergangenen Jahrhundert gründlich restauriert und strahlt heute im neuen alten Glanz.

Hoch über dem Ort Sand in Taufers thront Burg Taufers.

Von Sand in Taufers zweigt eine kleine Passstraße ins Reintal ab, an deren Ende Rein in Taufers liegt. Das schöne kleine Bergdorf liegt im Herzen des Naturparks Rieserferner-Ahrn. Hausberg von Rein in Taufers und zugleich höchster Berg der Rieserfernergruppe ist der 3.436 Meter hohe Hochgall. Bekannt ist das Reintal für seine Vielzahl an Freizeitmöglichkeiten. Ob Bergwanderer, Bergsteiger, Langläufer, Skifahrer oder Mountainbiker, hier kommt fast jeder Outdoor-Begeisterte auf seine Kosten. Nahe des Tristennöckls oberhalb von Rein kann man den höchstgelegenen Zirbelkiefernbestand der Ostalpen bewundern. Im Oktober findet hier einer der schönsten Almabtriebe ganz Südtirols statt. Von zahlreichen Almen treiben die Bauern ihr prächtig geschmücktes Vieh ins Tal zurück. Natürlich gibt es zu diesem besonderen Anlass ein großes Fest.

Von Sand in Taufers führt die Hauptstraße direkt hinein ins Ahrntal. Nach Norden wird das Tal vom Hauptkamm der Zillertaler Alpen, nach Süden vom Kamm der Durreckgruppe begrenzt. Das Tal ist von über 80 (!) Dreitausendern umgeben. Von Luttach (auf 970 Metern), der ersten Ortschaft der Gemeinde Ahrntal, führt die Straße immer weiter hinauf. Bis zum Ort Prettau mit dem Weiler Kasern am Ende der befahrbaren Straße sind dann noch mal fast 600 Höhenmeter zu überwinden.

Wichtigster Wirtschaftszweig ist der Tourismus. In den Sommermonaten locken beste Radfahr-, Kletter-, und Wandermöglichkeiten in den Naturpark Rieserferner-Ahrn, im Winter laden die nahen Skigebiete Klausberg und Speikboden ein.

Wir verlassen das Tauferer Ahrntal und fahren auf der E66 von Bruneck weiter Richtung Osten. Bei Olang zweigt eine kleine Straße nach Süden ab. Sie führt über den Furkelsattel direkt ins Gadertal, eines der »Dolomiten-Haupttäler«. Direkt vom Furkelsattel hat man die Möglichkeit, mit einem der vielen Lifte auf den 2.273 Meter hohen Kronplatz zu schweben, den Hausberg Brunecks. Der Kronplatz ist hauptsächlich für sein großes Skigebiet bekannt. Die Aussicht vom Gipfel auf die im Süden angrenzenden Dolomiten ist atemberaubend.

Kurz hinter Olang zweigt eine 21 Kilometer lange Straße ins Antholzer Tal ab. Das Tal ist für sein Biathlon-Zentrum weltberühmt. Hier wurden bereits fünf Biathlon-Weltmeisterschaften ausgetragen. Außerdem finden jährlich Biathlon-Weltcuprennen statt. Die Strecken befinden sich auf 1.600 Metern Höhe und sind damit die höchstgelegenen im gesamten Biathlon-Weltcup.

Kurz bevor es zum Staller Sattel hinaufgeht, der ins angrenzende Defereggental in Osttirol führt, gelangt man zum Antholzer See. Auf 1.642 Metern Höhe liegt der 44 Hektar große See inmitten der einmaligen Berglandschaft des Naturparks Rieserferner-Ahrn.

Ein paar Kilometer nach dem Antholzer Tal, bei Welsberg, zweigt das zwischen den Ausläufern der Rieserfernergruppe und den Deferegger Alpen gelegene, 22 Kilometer lange Gsieser Tal nach Nordosten ab. In der Gemeinde befinden sich drei Dörfer mit insgesamt 2.000 Einwohnern: Pichl, St. Martin und St. Magdalena. Landwirtschaft und Tourismus sind die wichtigsten Erwerbszweige hier. Das ruhige Gsieser Tal gehört sicherlich zu den schönsten Seitentälern Südtirols und bietet vor allem Entspannung, Ruhe und Natur inmitten einer bäuerlich geprägten Kulturlandschaft. Der Massentourismus ist fern, was dem Tal sehr guttut. Wenige kleine Skilifte bei St. Magdalena locken im Winter ein paar Skifahrer ins Tal, im Sommer können Wanderer auf zahlreichen Wanderwegen die umliegende Bergwelt erkunden. Bekanntester Sohn des Tals ist zweifelsohne Pater Joachim Haspinger, ein enger Weggefährte des legendären Tiroler Freiheitskämpfers Andreas Hofer.

Alte Bergbauernhöfe im Hinteren Ahrntal.

Der Almabtrieb in Rein in Taufers zählt zu den schönsten im ganzen Lande. Den Kühen wird prächtiger Schmuck angelegt, dann geht es hinunter ins Tal.

Ein wenig weiter östlich liegt einer der schönsten Bergseen Südtirols: der Pragser Wildsee. Von der Bundesstraße führt eine knapp acht Kilometer lange Straße direkt zum See auf 1.494 Metern Höhe. Im Sommer tummeln sich Hunderte Touristen am Ufer, genießen die wilde Berglandschaft, wandern um den See oder machen eine kleine Bootstour mit einem der angebotenen Ruderboote. Wer dem Trubel im Sommer entgehen will, der sollte im Oktober kommen, wenn die Lärchen an den Hängen golden leuchten und oft Nebel den See einhüllt. Zu dieser Jahreszeit entfaltet er seine wahre Magie. Der See, der vom imposanten Massiv des Seekofels (2.810 Meter) beherrscht wird, gehört zum Naturpark Fanes-Sennes-Prags. Leider ist sein Wasserspiegel seit Jahren rückläufig, was insbesondere im Herbst, nach einem langen trockenen Sommer, an seinen verlandeten Ufern deutlich sichtbar wird.

Ein besonderes Naturschauspiel ist jedes Jahr Ende April, Anfang Mai auf den nahen Plätzwiesen zu bewundern: Zu Beginn des kurzen Bergfrühlings schießen über Nacht Tausende von Frühlingskrokussen aus dem Boden. Die Wiesen gleichen dann einem Blumenmeer aus Weiß und Lila. Die Plätzwiesen sind einfach mit dem Auto über das Altprager Tal erreichbar.

Bei Toblach zweigt das Höhlensteintal Richtung Süden ab. Es ist berühmt, führt es doch geradewegs zu den bekanntesten Bergen der Dolomiten, den Drei Zinnen.

Das Reintal liegt zu Füßen der mächtigen Rieserfernergruppe und ist Ausgangspunkt für Touren in den Naturpark Rieserferner-Ahrn.

Fotografenherz, was willst du mehr? Zwei perfekte Refelxionen: Oben spiegelt sich der Seekofel im Pragser Wildsee, rechts sind es Wildgall und Hochgall im Antholzer See.

Die letzte größere Ortschaft vor der österreichischen Grenze ist Innichen. Das 3.200-Einwohner-Örtchen liegt auf 1.175 Metern Höhe und ist in erster Linie bekannt als Ausgangspunkt in den Naturpark Sextner Dolomiten mit den Drei Zinnen, der Dreischusterspitze sowie dem Zehner-, Elfer- und Zwölferkofel, um nur einige der Berühmtheiten aufzuzählen. Von Innichen verläuft das Sextental nach Südosten. Das Tal grenzt im Nordosten unmittelbar an Osttirol, die Grenze bilden die Karnischen Alpen. Im Süden liegen die Sextner Dolomiten und der gleichnamige Naturpark. Zwei kleine Täler, das Innerfeldtal

und das Fischleintal, führen direkt hinein in den Park. Das Dorf Sexten liegt mittendrin in dieser Bergtraumlandschaft auf 1.310 Metern Höhe. Von hier aus kann man ideal die Sextner Dolomiten erkunden. Berühmt ist das Dorf auch für seine »Natursonnenuhr«, die aus fünf imposanten Dolomitengipfeln, dem Neuner-, Zehner-, Elfer-, Zwölfer- und Einserkofel, besteht und zu einer Art Wahrzeichen der Gemeinde wurde. Fährt man durch das Sextental weiter Richtung Süden, dann gelangt man auf den Kreuzbergpass – immer tiefer hinein in die fantastische Bergwelt der Dolomiten …

Die Erdpyramiden oberhalb von Percha sind noch ein Geheimtipp.

Abseits der großen Straßen, hoch droben im Pustertal, sind sie noch zu finden: die alten Holzzäune, die ohne Nägel auskommen.

Herbst im Gsieser Tal und im Ahrntal.

Die Dolomiten

Das Wahrzeichen der Seiser Alm und neben den Drei Zinnen und der Marmolada das bekannteste Bergmassiv der Dolomiten: der Schlern.

Herbst auf der Seiser Alm.

Es mag höhere, alpinistisch noch anspruchsvollere Berge geben, doch sind die Dolomiten die schönsten Berge der Welt. Wer schon einmal vor den weltberühmten Drei Zinnen, dem Averau, den Geislerspitzen oder dem Latemar gestanden hat, der wird mir sicherlich recht geben. Die Dolomiten haben alles, was das Herz eines Bergbegeisterten begehrt: steil abfallende Wände, große und kleine Zacken, enge, tiefe Schluchten, aber auch saftige Almwiesen und sanfte Bergrücken! Die Gebirgskette, die sich über 60 Kilometer von Nord nach Süd und über 75 Kilometer von West nach Ost erstreckt, verläuft durch drei italieni-

sche Provinzen: Südtirol, Belluno und Trentino. Im Norden wird sie durch das Pustertal, im Osten durch Sexten und Kreuzbergsattel, im Süden durch die Linie Feltre-Genebe/Enego und das Valsugana und im Westen durch die Täler von Eisack und Etsch begrenzt. Der höchste Punkt der Dolomiten ist die Marmolada mit 3.342 Metern. Zu den berühmtesten Gipfeln und Gebirgsgruppen zählen unter anderen die Drei Zinnen, der Rosengarten, der Schlern, der Langkofel, die Sella, die Geislergruppe, der Cristallo, der Antelao, die Civetta und die Tofana. Namensgeber der »bleichen Berge«, wie die Dolomiten auch oft genannt werden, war

Wie ein Miniaturmodell wirkt das kleine Holzhüttchen vor den steil abfallenden Wänden des Schlern.

Ein Naturschauspiel der besonderen Art: Frühlingskrokusse auf den Plätzwiesen.

S. 59: Trotz Schnee lässt sich der Frühling auf der Seiser Alm nicht aufhalten. Die Trollblumen sind dafür ein untrügliches Zeichen.

der französische Geologe Déodat de Dolomieu, der auf einer Forschungsreise 1788 ein Gestein entdeckte, das aufgrund seines hohen Magnesiumgehaltes gelblich schimmerte. Das von Dolomieu beschriebene Gestein macht jedoch nur einen kleinen Teil der Dolomiten aus. Es zeigt sich insbesondere im Bereich der Drei Zinnen, des Rosengartens wie auch der Fanes. Die meisten übrigen Gebiete der Dolomiten bestehen in erster Linie aus weißlichgrauen Kalksedimenten, wie man sie auch in den nördlichen Kalkalpen findet.

Tiefe abgelegene Täler haben sich im Laufe der Jahrmillionen in die Berge gegraben. Die

Zweimal derselbe See: oben Karersee und Rosengarten, rechts Karersee und Latemar.

S. 60/61: Das berühmteste Postkartenmotiv
Südtirols: die Drei Zinnen.

S. 64: Der Paternkofel spiegelt sich in den Bödenseen.
S. 65: Blumenzauber Anfang August am Fuße der Drei Zinnen.

Eine Nacht unter Sternen – Camping auf dem Drei-Zinnen-Plateau.

S. 67: Eine magische Nacht: Der Vollmond steht über den Drei Zinnen und taucht Berge und aufziehenden Nebel in fast unheimliches Licht.

wichtigsten Dolomitentäler sind das Gadertal, das Grödnertal, das Fassatal, das Villnößtal, das Eggental, das Höhlensteintal und das Sextener Tal. Die Abgeschiedenheit dieser Täler hat in manchen Gegenden eine eigene, alte Sprache überleben lassen. Im Gadertal, im Grödnertal, im Fassatal wie auch im Tal von Buchenstein und in Cortina d'Ampezzo sprechen große Teile der Bevölkerung ladinisch. Das Ladinische gehört zu den romanischen Sprachen und kann als eine Art Überbleibsel aus der Zeit des romanisierten Alpenraumes angesehen werden. Als im 6. Jahrhundert Bajuwaren aus dem Norden und Langobarden aus dem Süden in das Gebiet der Dolomiten vorstießen, verdrängten sie das romanische Idiom aus weiten Teilen des ehemaligen Verbreitungsgebiets. Lediglich in einigen abgelegenen Seitentälern konnte sich das Ladinische halten – bis heute. Gegenwärtig sprechen ca. 30.000 Menschen ladinisch.

Die Dolomiten waren schon immer Grenzland. Während des ganzen Mittelalters bis in die napoleonische Zeit und bis zum Ersten Weltkrieg verlief hier die Grenze zwischen Deutschland beziehungsweise Österreich und Italien. Der Erste Weltkrieg raubte den Bergen dann »ihre Unschuld«. Italienische Alpini, die auf Seiten der Entente kämpften, lieferten sich quer durch die Dolomiten einen äußerst brutalen und blutigen Gebirgskrieg mit bayerischen Gebirgsjägern und Kaiserjägern aus Österreich. Noch heute sind vielerorts Kriegsspuren zu sehen: Alte Bunkeranlagen, rostiges Geschirr und sogar alte Munition finden sich verstreut über die Berge.

Zum Glück ist das Vergangenheit. Heute boomt die Region. Der größte Wirtschaftsfaktor ist der ganzjährige Tourismus. Im Winter kommen die Skifahrer, im Sommer sind es Bergwanderer, Mountainbiker, Kletterer oder Dolomitenfans, die die Bergwelt auf einer der schönsten Bergstraßen der Alpen erkunden: der Großen Dolomitenstraße.

Die Große Dolomitenstraße

Die Große Dolomitenstraße führt 109 Kilometer durch drei italienische Provinzen (Südtirol, Trient und Belluno) quer durch die Dolomiten und verbindet Bozen im Westen mit Cortina d'Ampezzo im Osten. Pläne für eine durchgängig befahrbare Straße zwischen Bozen und

Vom Dürrenstein schweift der Blick hinüber zu den Pragser Dolomiten im Westen.

1950er-Jahre, bis die Touristen wiederkamen – dann aber mit voller Wucht. Die ersten finanzierbaren Pkws schafften eine neue Mobilität. Die Große Dolomitenstraße entwickelte sich zu einem der beliebtesten Touristenziele im ganzen Alpenraum – zu Recht, führt sie doch vorbei an vielen der attraktivsten Ziele in den Dolomiten.

Von Bozen aus führt die Straße ins Eggental. Ende 2007 wand sich die teilweise nur fünf Meter breite Straße durch eine enge Klamm mit steil abfallenden Felswänden. Seit 2008 ist dieser Streckenabschnitt untertunnelt. Die Steinschlaggefahr war einfach zu groß. Nach Welschnofen führt die Straße hinauf auf den Karerpass. Der berühmte Rosengarten rückt ins Blickfeld. Nach einigen engen Kehren erreicht man den Karersee, der wahrscheinlich zu den schönsten Bergseen der Ostalpen zählt. Sein türkisfarbenes Wasser macht ihn zum Diamanten unter den Bergseen. Im Hintergrund erhebt sich das Latemar mit seinen Graten und Zacken. Der See war bereits um 1900 ein beliebtes Ausflugsziel des österreichischen Hochadels. Auch Kaiserin Sissi suchte hier Erholung und stieg im Grandhotel am Karerpass ab. Heute ist das Grandhotel modernen Ferienwohnungen gewichen und besonders in den Sommermonaten ist nichts mehr von der einstigen Ruhe zu spüren. Ganze Autokolonnen schieben sich über den Pass.

Am Karerpass wird die Grenze zum Trentino überschritten. Nun führt die Straße abwärts ins Fassatal – eines der Täler in den Dolomiten, wo noch ladinisch gesprochen wird. Langsam nähern wir uns dem Langkofel und der Sellagruppe. In Canazei beginnt der Aufstieg. Nach drei Kilometern Fahrt zweigt links die Straße zum Sellajoch ab, einem weiteren berühmten Dolomitenpass, der direkt hinein ins Grödnertal führt.

Zurück auf die Große Dolomitenstraße. In unzähligen Kehren windet sich die Straße das Pordoijoch hinauf. Es ist mit 2.239 Metern der höchste Punkt der gesamten Strecke. Wer möchte, kann hier in die Gondel auf den Piz Boe umsteigen und ist in ein paar Minuten in 3.151 Metern Höhe. Der Ausblick von hier oben ist gigantisch: Im Süden blickt man auf die Marmolada und die Civetta, im Osten ragen Monte Pelmo und Antelao in den Himmel, im Norden reicht der Blick bis zu den

Cortina d'Ampezzo gab es schon lange. Doch stellte sich der Bau der Bergstraße schwieriger dar als gedacht. Seit 1860 gab es bereits eine Straße durch das Eggental und seit 1896 die Karerpassstraße. Die hohen Übergänge z.B. am Pordoijoch waren jedoch nur kleine Schotterwege oder Saumpfade und mussten komplett neu gebaut werden. 1900 begann der Bau dieser schwierigen Trassen und erst 1909 konnte der äußerst schwierige Streckenabschnitt am Passo Falzarego fertiggestellt werden. Am 13. September 1909 wurde die Große Dolomitenstraße für den öffentlichen Verkehr freigegeben. Der Tourismus in den Dolomiten kam nun so richtig auf Touren. Doch mit Ausbruch des Ersten Weltkrieges brach der Fremdenverkehr zusammen. Es dauerte bis in die

Die steilen Felswände und ausladenden Almwiesen der Sellagruppe im Licht der aufgehenden Sonne.

Sarntaler und Zillertaler Alpen. Am Pordoijoch – wie auch am benachbarten Grödnerjoch – kehrt weder im Sommer noch im Winter wirklich Ruhe ein. Besonders im Winter ist hier die Hölle los, gehört das Pordoijoch doch zur berühmten Sellaronda, die unzählige Skipisten miteinander verbindet.

Nun geht es wieder abwärts. In engen Kehren führt die Straße ins ladinische Buchsteintal nach Arabba. Kurze Verschnaufpause für Fahrer und Auto: Die nächsten ca. zehn Kilometer sind Entspannung, keine engen Kehren und halsbrecherischen Abgründe. Dann geht es wieder hinauf – auf den Passo Falzarego. Oben, auf 2.105 Metern Höhe, angelangt, genießt man die tolle Aussicht auf den markanten Averau und den Lagazuoi, auf den heute eine Seilbahn führt. Zwischen Tofana und Cinque Torri führt die Straße hinunter nach Cortina. Kurz vor dem Ort zweigt rechter Hand der Passo di Giau ab. Er gehört nicht mehr zur Großen Dolomitenstraße, ist aber unbedingt einen Abstecher wert. Oben angekommen, bietet sich ein wirklich atemberaubender Blick auf Averau, Nuvolau, Croda da Lago, Marmolada, Settsass …

Zurück nach Cortina d'Ampezzo. Der Ort ist zwar offizieller Endpunkt der Großen Dolomitenstraße, aber noch nicht das Ende der Reise durch die Dolomiten.

Zu den Drei Zinnen

Von Cortina führt die Straße weiter über den Passo Tre Croci vorbei am Misurinasee direkt in die Sextner Dolomiten zu den berühmten Drei Zinnen. Eine kleine mautpflichtige Bergstraße führt hinauf auf 2.302 Meter Höhe bis zum Rifugio Auronzo. Hier lässt man am besten sein Auto stehen und wandert direkt unter den südseitigen Wänden der Drei Zinnen bis zur Dreizinnenhütte. Von hier hat man an klaren Tagen den berühmten Postkartenblick auf die wahrscheinlich bekanntesten Berge der Dolomiten.

Obwohl keine der Drei Zinnen die Dreitausender-Marke überschreitet (Große Zinne: 2.998 Meter, Westliche Zinne: 2.973 Meter, Kleine Zinne: 2.857 Meter), ziehen die markanten Felstürme alljährlich Tausende Touristen und Bergsteiger in ihren Bann. Es war Paul Grohmann, der zusammen mit seinen einheimischen Führern Franz Innerkofler und

Auf den Plätzwiesen am Fuße des Dürrensteins. Im Hintergrund: Antelao, Piz Popena und Monte Cristallo.

Vom Giaupass genießt man einen schönen Blick auf die zackigen Felswände der Croda da Lago.

Nur langsam lichtet sich der Nebel um die Sellagruppe.

Der Monte Cristallo glüht im Schein der Abendsonne.

S. 81: Die Temperaturen steigen. Föhnhauben am Himmel kündigen den warmen Fallwind an.

Schlerngebiet (2.564 Meter) und im Osten vom Grödnerjoch und der Sellagruppe (bis zu 3.151 Meter). Die Bewohner des Grödnertals sprechen wie die Bewohner des Gadertals ladinisch. Natürlich beherrschen die Menschen hier heute auch Deutsch und Italienisch, doch hat sich das Ladinische erhalten.

Außer für den Wintersport ist das Grödnertal berühmt für seine Holzschnitzereien. Bereits im 17. Jahrhundert hielt die Holzschnitzkunst Einzug ins Tal und schon im 18. Jahrhundert waren in ganz Gröden über vierzig Holzschnitzer tätig. Die meisten Grödner Holzschnitzereien werden aus Zirbelholz hergestellt.

S. 83: Sonnenuntergang am Giaupass. Im Hintergrund: die Marmolada und die Sellagruppe.

Schneeschuhwanderer am Fuße des spitzen Hexensteins.

Die Mehrzahl der Besucher des Grödnertals kommt im Winter zum Skilaufen und im Sommer zum Bergwandern. Ihr Ziel ist meist die berühmteste Hochalm Südtirols: die Seiser Alm. Sie ist mit einer Fläche von 57 Quadratkilometern die größte Hochalm Europas und befindet sich auf einer Höhe von 1.680 bis 2.350 Metern. Um die Seiser Alm erheben sich wahre Dolomiten-Bekanntheiten. Nach Südwesten wird das Plateau vom Schlern, einem der wohl eindrucksvollsten Bergmassive der gesamten Dolomiten, begrenzt. Mit seinen beiden Fronttürmen zählt er zu den markantesten Bergen in den Dolomiten. Nach Südosten schließt sich das ebenso berühmte Bergmassiv der Langkofelgruppe an. Von Seis und St. Ulrich (Grödnertal) führen Gondelbahnen

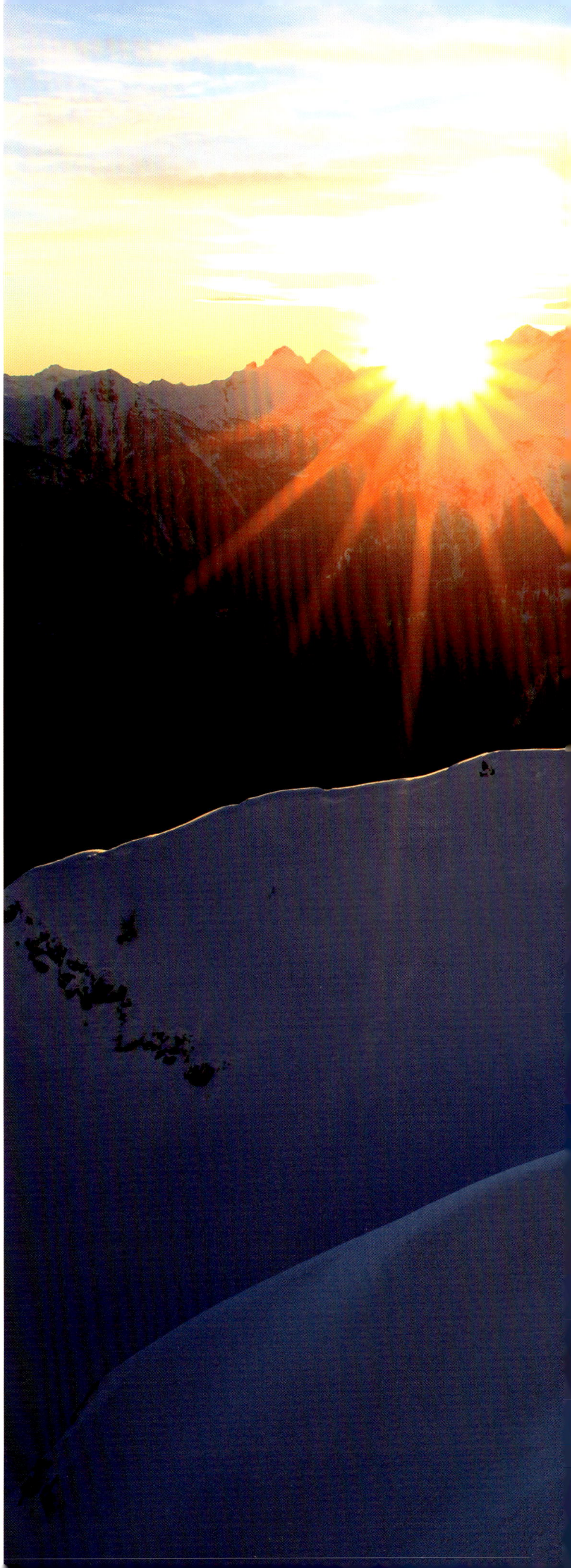

Blick vom Gipfel des Piz Boe auf den Sorapiss im Osten.

S. 85: Sonnenaufgang am Kleinen Lagazuoi: links der Sorapiss, in der Mitte der Antelao, rechts der Monte Pelmo.

hinauf auf die Alm. Der Zugang mit dem privaten Pkw ist stark begrenzt. Von St. Valentin führt zwar eine Straße hinauf, diese ist aber nur in den frühen Morgen- und späten Abendstunden für den privaten Verkehr freigegeben.

Wer schon einmal einen Sonnenaufgang auf der zu dieser Zeit noch fast leeren Hochalm sehen durfte und wer erlebt hat, wie der Schlern mit seinen Zacken und Graten ganz langsam in atemberaubendes gold-orangefarbenes Licht getaucht wird, der wird sicher verstehen, warum die Dolomiten für viele Menschen die mit Abstand schönsten Berge der Welt sind.

Abendrot über dem Averau.

S. 87: Vollmond über dem Refugio Lagazuoi. Im Hintergrund: Sorapiss, Antelao und Monte Pelmo.

Bozen und das Unterland

Der Kalterer See gilt als einer der wärmsten Badeseen der Alpen. Er liegt eingebettet zwischen sanften Weinbergen ein paar Kilometer südlich von Bozen.

Der Blick von der Brennerautobahn auf Bozen verheißt zunächst einmal nichts Gutes: graue Wohnblöcke, Industrieanlagen, Gewerbegebiete. Bozen ist auf den ersten Blick nicht wirklich schön. Wer sich jedoch die Zeit nimmt und sich in die Stadt hineinbegibt, der wird seine Meinung womöglich doch noch revidieren – dazu aber später mehr.

Bozen ist Südtirols größte Stadt und das wirtschaftliche Zentrum des gesamten Landes. Knapp 100.000 Menschen leben heute am Zusammenfluss von Etsch und Eisack im Bozener Becken. Schon zu Römerzeiten gab es eine kleine Siedlung in der Umgebung des heutigen Doms, die aber mit dem Vordringen der Langobarden und Bajuwaren wieder aufgegeben wurde. Es war der Bischof von Trient, der im 12. Jahrhundert die Gründung eines Marktes anregte, und bereits 1191 erhielt Bozen das Stadtrecht. Im 13. Jahrhundert wurde die Stadt erheblich ausgebaut und erhielt eine gut befestigte Stadtmauer und einen Graben. 1277 gelangte Bozen unter die Herrschaft der Grafen von Tirol, bevor es im Jahre 1363 an die Habsburger ging. Im 16. und 17. Jahrhundert bildete sich in Bozen, dank starker Zuwanderung aus den süddeutschen und österreichischen Ländern, eine hochgradig spezialisierte Handwerker- und Händlerkultur heraus. Mit dem Bau der Eisenbahnverbindung wuchs Bozen im 19. Jahrhundert zu einem Fremdenverkehrsort heran. Unterbrochen wurde der steile Aufschwung erst durch den Ersten Weltkrieg.

S. 90: Vom Hochplateau des Ritten hat man einen schönen Blick auf die im Osten angrenzenden Dolomiten, wie hier auf den Schlern.

Prachtvoller Blumenschmuck ziert diesen Balkon auf dem Rittner Hochplateau. Im Hintergrund ist der Schlern zu erkennen.

Auf dem berühmten Bozner Obstmarkt, …

… auf dem nicht nur Obst angeboten wird.

Gleich hinter Bozen beginnt die grandiose Bergwelt der Dolomiten. Dieses Bild zeigt im Hintergrund den Rosengarten.

Café am Waltherplatz in Bozen.

Der Marktplatz von Kaltern an der Südtiroler Weinstraße.

und renoviert. Besonders sehenswert sind die im Inneren der Burgkapelle versteckten Wandmalereien und romanischen Fresken mit religiösen und profanen Motiven aus der Entstehungszeit der Burg.

Etwa zehn Minuten geht man zu Fuß von Burg Hocheppan zum benachbarten Kreidenturm, der trotz der Entfernung mit zur Burganlage gehört. Es handelt sich um einen hohen, weiß gekalkten Turm, der von einer kleinen Ringmauer umgeben ist.

Burg Hocheppan ist nur zu Fuß erreichbar. Oben angekommen, kann man sich an einer Jausenstation stärken und einen traumhaften

Blick auf Bozen und den dahinter liegenden Schlern genießen.

Nur ein kleines Stückchen weiter südlich, direkt an der Weinstraße und inmitten sanft hügeliger Weinberge gelegen, befindet sich Südtirols bekanntester Badesee, der Kalterer See. Er gilt als einer der wärmsten Badeseen der Alpen. Im Hochsommer kann die Wassertemperatur durchaus schon mal bis auf 28 Grad Celsius steigen. Der See ist nicht nur für Badegäste interessant, auch Angler kommen hier voll auf ihre Kosten, denn in dem fischreichen Gewässer leben z. B. Rotaugen, Karpfen, Hechte und Aale.

Das milde Klima entlang der Südtiroler Weinstraße erlaubt den Weinanbau weit die Hänge hinauf.

Weinanbau so weit das Auge reicht: oben oberhalb von Bozen, rechts oberhalb von Kaltern.

Das Burg-grafenamt

Mitte Mai ist der Frühling auch im Ultental angekommen. Löwenzahn-wiesen prägen dann das Landschaftsbild.

Im April sind die Berge der Texelgruppe noch schneebedeckt. Im Tal ist längst der Frühling eingekehrt.

Als Burggrafenamt wird das Land um Meran bezeichnet. Es war bereits im Mittelalter ein einheitlicher Verwaltungsbezirk und bildete das Kerngebiet des historischen Tirols. Die heutige Bezirksgemeinschaft Burggrafenamt umfasst 26 Gemeinden mit etwa 88.000 Einwohnern. Zur Region gehören das Gebiet zwischen Nals und Naturns, das Passeier- und Ultental, das Hochplateau von Tisens, die Südtiroler Gemeinden des Nonstals sowie die Gemeinden des Tschögglberges im Osten. Häufig wird zum Meraner Land auch noch das Schnalstal gerechnet, das aber verwaltungstechnisch nicht mehr zum Burggrafenamt gehört. Dennoch nehme ich das Schnalstal mit in dieses Kapitel auf, da es geografisch die Grenze zum Vinschgau bildet. Größter und bekanntester Ort des Burggrafenamtes ist die Stadt Meran.

Meran liegt geschützt von den über 3.000 Meter hohen Bergen der Texelgruppe inmitten eines Talkessels an der Taleinfahrt des Passeiertals, des Vinschgaus und des Etschtals. Die strategisch günstige Lage brachte schon früh Siedler in das Gebiet. Prähistorische Funde von Schalensteinen zeugen von einer sehr frühen Besiedlung um ca. 2000 v. Chr. Auch die Römer erkannten die günstige Lage und besetzten das gesamte Etschtal. An der Stelle des heutigen Meran errichteten sie das Militärlager »Castrum Majense«. Im Jahr 857 n. Chr. wurde Meran das erste Mal erwähnt und knapp 400 Jahre später erhielt es das Stadtrecht. Unter den Grafen von Tirol wurde die Stadt zum Mittelpunkt des ganzen Landes. 1363 vermachte die letzte Tiroler Gräfin, Margarete Maultasch, das Land den Habsburgern, die den landesfürstlichen Hof 1420 nach Innsbruck verlegten. Meran hörte auf, die Metropole Tirols zu sein. Die Stadt verlor ihre führende Rolle in Handel und Verkehr an das aufstrebende Bozen und an Innsbruck. Doch 1809 rückte Meran wieder in den Mittelpunkt: Am Küchelberg oberhalb der Stadt erkämpften die Tiroler einen Sieg über die Bayern und Franzosen.

Das milde, angenehme Klima im Meraner Talkessel weckte bald das Interesse von Wissenschaftlern und Ärzten. Meran wurde innerhalb kürzester Zeit weit über die Landesgrenzen hinaus ein Synonym für Erholung und Heilung. Man baute Hotelanlagen und Freizeiteinrichtungen, legte Parks und Spa-

zierwege an und schuf die auch noch heute so beliebten Grünzonen der Stadt. Um die Wende vom 19. zum 20. Jahrhundert war ein neuer Höhepunkt erreicht. Erst der Erste Weltkrieg unterbrach den Aufstieg. In den Dreißigerjahren des letzten Jahrhunderts fand man Radon im Quellwasser – das Meraner Kurbad war geboren. Wieder war es ein Krieg, der Meran zurückwarf: Im Zweiten Weltkrieg wurden die großen Hotels zu Lazaretten umfunktioniert. Nach dem Krieg begann man sofort mit dem Wiederaufbau und bald erblühte Meran erneut zu einem der wichtigsten Fremdenverkehrsorte Südtirols.

Meran zählt über 300 Sonnentage im Jahr. Die Texelgruppe im Norden schützt vor Niederschlägen und der nach Süden geöffnete Talkessel kommt in den Genuss von warmer Luft, wodurch das Wachstum mediterraner Pflanzen wie Zypresse, Lorbeer oder Myrte begünstigt wird.

Im Gegensatz zum betriebsamen Bozen geht es in Meran heute eher beschaulich zu. Das neue und das alte Kurhaus im Zentrum sind wahrscheinlich die bekanntesten Gebäude der Stadt. Der Wiener Architekt Friedrich Ohmann errichtete 1914 das neue Kurhaus im Jugendstil mit einem großen, weitläufigen Ballsaal. Von hier führt die Winterpromenade immer an der Passer entlang bis zur Wandelhalle, die immer noch den Charme vergangener Tage versprüht. Wer sich einen wirklich schönen Überblick über die Stadt verschaffen möchte, der kann auf der 1893 von Kurarzt Dr. Franz Tappeiner errichteten Promenade wandeln, die hinauf zum Tirolersteig und weiter zum Dorf Tirol führt. Die Innenstadt Bozens mit ihren engen Gassen und den vielen kleinen Läden lädt zum Bummeln und Verweilen ein. Vom neuen Kurhaus sind es nur ein paar Meter bis in die Fußgängerzone.

Oberhalb von Meran thront das Schloss Tirol. Von hier aus wurden einst die Geschicke des ganzen Landes gelenkt. Bis ins 15. Jahrhundert war das Schloss Residenz der Landesfürsten, bis die politische Verwaltung in das verkehrstechnisch günstiger gelegene Innsbruck verlegt wurde. Die Stammburg der Grafen von Tirol wurde um 1100 erbaut. 1640 rutschten Teile der Burg in den Köstengraben, aber erst im 19. Jahrhundert wurde die Festung wiederaufgebaut. Heute erstrahlt

Schloss Tirol, die Stammburg der Grafen von Tirol, liegt auf einem Moränenhügel oberhalb von Meran.

die restaurierte Burg wieder im Glanz vergangener Tage. Besonders sehenswert ist die alte Burgkapelle, die von einer monumentalen Kreuzigungsgruppe dominiert wird, mit ihren gut erhaltenen Fresken und plastischen Figuren in Marmor, die zum Teil Fabelwesen oder religiöse Motive zeigen.

Passeiertal

Von Meran nach Norden zieht sich, eingezwängt zwischen Texelgruppe und Sarntaler Alpen, das Passeiertal über 50 Kilometer bis hinauf zum Timmelsjoch, das bereits zu den Ötztaler Alpen gehört.

S. 110/111: Der Frühling im Meraner Land ist farbenprächtig. Apfelblüte und Löwenzahnwiesen sind ab Mitte April zu bewundern.

Zusammen mit dem Vinschgau ist das Meraner Land die Hochburg des Apfelanbaus. Die alten knorrigen Apfelbäume sind aber zweckgerichteten Obstplantagen gewichen.

Das Passeiertal teilt sich in Vorder- und Hinterpasseier. Die beiden Talabschnitte unterscheiden sich hinsichtlich des Klimas und der Vegetation deutlich. Während das Vorderpasseier, das sich etwas 20 Kilometer bis St. Leonhard erstreckt, noch weitgehend in den Genuss mediterranen Klimas kommt und Weinreben und Obstplantagen das Landschaftsbild dominieren, weist das Hinterpasseier ein alpines Klima auf. Es ist größtenteils naturbelassen. Stürzende Wasserfälle, steile Bergflanken und kleine Bergdörfer prägen das Bild. Die Dörfer liegen meist hoch über dem Talboden und ihre Bewohner leben in erster

Linie von der Almwirtschaft. Die Straße durch das Hinterpasseier windet sich über 30 Kilometer fast 1.800 Höhenmeter bis zum Timmelsjoch (auf 2.474 Metern) hinauf. Bei St. Leonhard zweigt der Jaufenpass ab, der bis auf knapp 2.100 Meter hinaufführt und das Passeiertal mit dem Ridnauntal bei Sterzing verbindet. Der berühmteste Sohn des Passeiertals ist Andreas Hofer.

Andreas Hofer

Der aus St. Leonhard im Passeiertal stammende Hofer wurde zum Volkshelden, nachdem er

Schenna liegt auf dem Sonnenhügel oberhalb von Meran, eingebettet zwischen Weinbergen und Obstwiesen auf 600 Metern über dem Meeresspiegel.

S. 115: Apfelblüte bei Lana (oben) und bei Hafling (unten).

S. 116/117: Langsam lichten sich die Wolken und Nebelschwaden eines Sommergewitters, das über das Timmelsjoch und die Stubaier Alpen hinweggezogen ist.

Der Frühling ist da. Frühlingskrokusse im Ultental vor der Ortlergruppe.

Noch umhüllen Nebelschwaden die Berge am Timmelsjoch, doch bald wird sich die Sonne durchsetzen. Ein schöner Sommertag kann beginnen.

die Tiroler in den Befreiungskriegen von 1809 dreimal siegreich gegen bayerische und französische Truppen geführt hatte.

Zur Vorgeschichte: Nachdem Österreich 1805 Napoleons Truppen unterlegen war, stand Tirol seit dem Frieden von Pressburg unter der Herrschaft der mit Frankreich verbündeten Bayern. Die brutale Besatzungspolitik der Bayern führte zu großem Unmut in der Tiroler Bevölkerung. Als dann noch Tiroler Burschen für die Bayerische Armee zwangsrekrutiert wurden, begann der Volksaufstand. Andreas Hofer setzte sich an die Spitze der Bewegung und dreimal innerhalb kürzester Zeit

konnte Hofers Bauernarmee die weitaus besser ausgerüsteten Bayern und Franzosen am Bergisel bei Innsbruck besiegen. Der Friede von Schönbrunn, in dem Österreich Tirol wieder an die Franzosen abgetreten hatte, blieb in Tirol selbst unbestätigt. Der Gott und Kaiser treue Hofer wollte den Verrat nicht glauben. Er rief erneut zur Schlacht. Dieses Mal mussten sich die Tiroler der Übermacht des Feindes geschlagen geben. Am 1. November 1809 unterlagen die Tiroler den bayerischen und französischen Truppen. Andreas Hofer flüchtete auf die Pfandleralm im Passeiertal, wo er am 28. Januar 1810 nach Verrat gefangen

Blick vom Jaufenpass über das Passeiertal hinweg auf die Berge der Texelgruppe.

Meraner Impressionen: das neue Kurhaus, …

… Blumenschmuck auf der alten Postbrücke, …

… Obststandl in der Fußgängerzone …

… und die Wandelhalle an der Winterpromenade.

Alter Bergbauernhof im Ultental.

genommen wurde. Am 20. Februar stand Hofer in Mantua vor seinem Erschießungskommando. Er starb erst durch die zweite Salve. Der Legende nach soll Hofer nach den ersten Schüssen, die ihn lediglich verletzt hatten, »Ach, wie schießt ihr schlecht!« ausgerufen haben. Das aber gehört wahrscheinlich ins Reich der Mythen. Heute erinnert an den Tiroler Freiheitskämpfer ein großes Museum, das im denkmalgeschützten Wirtschaftsgebäude des Sandhofes in St. Leonhard untergebracht ist.

Ultental und Schnalstal

Südlich von Meran – bei Lana – zweigt eines der schönsten Seitentäler Südtirols ab: das Ultental. Wer dem Trubel in Meran und dem Etschtal entgehen will, der ist hier wirklich gut aufgehoben. Das Tal verläuft parallel zum Vinschgau und zieht sich über eine Länge von 40 Kilometern von Lana bis zum Stilfser-Joch-Nationalpark im Westen. Berühmt ist das Tal für seine schön erhaltenen alten Bergbauernhöfe und ein ganz besonderes Naturdenkmal: die Ultner Urlärchen bei St. Gertraud. Nach neuesten Schätzungen dürfte das Baumtrio auf 1.400 Metern Höhe zwischen 800 und 1.000 Jahren alt sein. Der Anblick dieser Baumkolosse ist wirklich beeindruckend.

Das Tal ist auch ein sehr guter Ausgangspunkt für Touren in den Nationalpark Stilfser Joch. In St. Gertraud am Talende führt eine Vielzahl von Wanderwegen in die Bergwelt des »Ortlerparks«.

Das Schnalstal zweigt kurz hinter Naturns Richtung Nordwesten ab. Oft wird das Tal schon zum Vinschgau gerechnet, was geografisch natürlich richtig ist. Da das Tal jedoch nur ein paar Kilometer von Meran entfernt ist, soll es hier mit zum Meraner Land gezählt werden. Am Beginn des Schnalstals steht äußerst exponiert das Schloss Juval, Wohnsitz des berühmten Südtiroler Bergsteigers Reinhold Messner.

Durch das enge Tal windet sich der Schnalser Bach, der im oberen Teil zum Vernagt-Stausee aufgestaut wird. Am Talende bringt die Schnalstaler Gletscherbahn sommers wie winters die Besucher auf 3.212 Meter Höhe. Damit ist die Bahn die höchste Seilbahn Südtirols. Da es sich um ein Gletscherskigebiet handelt, kann man an einigen Liften das ganze Jahr über Ski fahren. Auch Wanderer kommen auf ihre Kosten. So führt ein schöner Wanderweg vom Vernagt-Stausee zur Similaunhütte (auf 3.019 Metern), in deren unmittelbarer Umgebung die berühmte Gletschermumie Ötzi gefunden wurde. Von Kurzras führt eine Tour zum Schutzhaus »Schöne Aussicht« auf 2.842 Metern Höhe.

Jedes Jahr im Juni und September steht das Schnalstal ganz im Zeichen der Schafe. Im Juni werden Tausende von Schafen über eine Strecke von 44 Kilometern mit bis zu 3.200 Metern Höhenanstieg über den Ötztaler Hauptkamm zu ihren Sommerweiden im österreichischen Venter Tal getrieben. Manche Schafhirten aus Laas im Vinschgau sind bis zu drei Tage unterwegs. In Vernagt stoßen weitere Herden hinzu. Der Weg führt von Vernagt auf kleinen Pfaden über die Similaunhütte samt Gletscher bis zu den saftigen Sommerweiden im Venter Tal – eine für Mensch und Tier nicht ungefährliche Tour. Besonders im Juni, wenn noch große Mengen Restschnee die Wege blockieren, ist große Vorsicht angebracht. Im 14. Jahrhundert schon hatten die Venter und Schnalstaler Bauern einen Vertrag geschlossen, der es den Schnalstalern erlaubte, im Sommer ihre Schafe auf die Weiden im Venter Tal zu treiben. Auch nach dem Ersten Weltkrieg, als Südtirol zu Italien kam, blieben diese alten Weiderechte bestehen.

Im September kehrt sich das Schauspiel wieder um. Die Schafe werden getrennt und kehren in ihre Winterlager jenseits des Ötztaler Hauptkammes zurück.

Erholung bei einer Brotzeit – aufgenommen in Hafling.

Mitte Juni treiben Südtiroler Schafhirten ihre Tiere auf abenteuerlichem Weg vom Schnalstal über das Niederjoch in 3.016 Metern Höhe ins Venter Tal im benachbarten Ötztal. Im September geht es dann auf demselben Weg wieder zurück.

Der Vinschgau

Während im Tal längst die Apfelbäume blühen, herrscht hoch droben in den Bergen der Ortlergruppe noch tiefster Winter.

Blick vom Stilfser-Joch über den nebelverhangenen Vinschgau auf den Vinschger Sonnenberg und die Ötztaler Alpen im Norden.

Der Vinschgau im äußersten Westen Südtirols zieht sich vom Reschenpass im Nordwesten bis nach Naturns im Osten. Häufig wird zwischen Ober- und Untervinschgau unterschieden. Der Obervinschgau verläuft von Reschen bis Laas, die östliche Grenze des Untervinschgaus liegt etwa bei Naturns. Der Vinschgau wird von der Etsch durchflossen, dem nach dem Po zweitlängsten Fluss Italiens. Das knapp 70 Kilometer lange Tal wird von mächtigen Gebirgsgruppen umrahmt. Im Norden erheben sich die Ausläufer der Ötztaler Alpen, die zwischen Mals und Partschins als Sonnenberg bezeichnet werden. Im Wes-

Klare Sternennacht über der Ortlergruppe.

ten ist es die Sesvennagruppe, die den Vinschgau von Graubünden in der Schweiz trennt. Im Süden erhebt sich die mächtige Ortlergruppe. Die hohen Bergmassive, die das Tal umgeben, sorgen für ein ganz spezielles Klima. Der Vinschgau liegt sozusagen in ihrem Windschatten. Sowohl die vom Süden heraufziehenden Wetterfronten als auch die wetterbedingten Einflüsse von Norden und Westen werden von den mächtigen Gebirgsgruppen abgemildert. Dadurch ist das Tal eines der trockensten der Alpen. Das Klima im Vinschgau lässt sich in Kürze folgendermaßen zusammenfassen: geringe Bewölkung, niedrige

Luftfeuchtigkeit, lange Sonnenscheindauer, hohe mittlere Jahrestemperaturen, starke Fallwinde und milde Winter. Im Jahresdurchschnitt fallen hier ähnlich wenig Niederschläge wie zum Beispiel in Sizilien.

Das besondere Klima des Tals hatte natürlich Einfluss auf Mensch und Landwirtschaft. Um überhaupt Landwirtschaft betreiben zu können, benötigten die Menschen Wasser. Sie entwickelten ganz spezielle Bewässerungsmethoden, die sogenannten Waale. Dabei handelte es sich um künstliche Wasserkanäle, in denen das Wasser aus den wasserreichen Seitentälern ins Tal geleitet wurde. Einst durchzog den Vinschgau ein ca. 600 Kilometer langes Waalnetz, das die Wiesen und Felder praktisch flächendeckend mit Wasser versorgte. Heute finden sich nur noch wenige dieser Wasserstraßen. Unterirdisch verlegte Eisen- oder Plastikrohre haben ihre Funktion übernommen. Inzwischen werden die alten Waale wiederentdeckt und sogar Wanderungen auf alten Waalwegen angeboten.

Das milde Klima ist der Grund dafür, dass heute im Vinschgau sage und schreibe zwölf Millionen Apfelbäume wachsen. Mehr als eine Million Tonnen Äpfel werden jährlich in Südtirol produziert, das sind beinahe zwei Prozent der weltweiten Produktion. Der größte Anteil davon stammt aus dem Vinschgau. Die Apfelbäume entsprechen dabei aber so gar nicht mehr der alten Vorstellung eines Baumes. Äpfel kommen heute aus Apfelplantagen, deren Bäume eher Sträuchern gleichen. Die Massenproduktion hat die Herrschaft übernommen.

In 48 engen Kurven windet sich die Stilfser-Joch-Straßebis auf 2.757 Meter Höhe.

Im Tal unterwegs

Nähert man sich dem Vinschgau von Norden über den Reschenpass, dann wird man im kleinen Örtchen Graun, direkt am Reschenstausee gelegen, mit einem ganz besonderen Bild konfrontiert: Aus dem See ragt ein Kirchturm. Was ein wenig seltsam, ja witzig anmutet, war für die Bevölkerung des alten Grauns eine Katastrophe. Bereits in den Dreißigerjahren des vergangenen Jahrhunderts spielte die faschistische italienische Regierung mit dem Gedanken, am Reschenpass einen Stausee zu bauen. Diese Pläne verschwanden allerdings mit Ausbruch des Zweiten Weltkrieges wieder in der Schublade. Erst 1949 wurde das Thema wieder aktuell. Während frühere Planungen von einer

Aufstauung der Naturseen Reschen- und Mittersee um fünf Meter ausgingen, was die Dörfer in der Gegend von einer Überflutung verschont hätte, so wurde nun die Aufstauung auf 22 Meter abgeändert. Die Einwohner der Dörfer Reschen und Graun wurden im »nationalen Interesse zur Stärkung der nationalen Industrie« zwangsenteignet und zur Umsiedlung gezwungen. Im Sommer 1950 wurden dann die Gebäude gesprengt und überflutet. 163 Häuser und 523 Hektar fruchtbares Kulturland fielen den Fluten zum Opfer. Aus Gründen des »Denkmalschutzes« wurde der romanische Turm von St. Peter stehen gelassen, was das Ganze noch absurder erscheinen lässt. Heute ragt der Turm einsam aus dem See und ist ein mahnendes Beispiel für ein unrühmliches Kapitel italienischer Geschichte in Südtirol. Der Reschensee ist einen Kilometer breit und hat ein Fassungsvermögen von 120 Millionen Kubikmetern.

Unmittelbar in Graun zweigt eine elf Kilometer lange Straße ins einsame Langtauferer Tal ab. Dieses Tal hat seine Ursprünglichkeit bewahren können, wird es doch von den Touristenmassen, die sich sommers wie winters rund um den Reschenpass tummeln, weitgehend verschont. So konnte sich eine nahezu unversehrte bergbäuerliche Kulturlandschaft erhalten. Am Ende des Tals genießt man einen Blick auf zwei der schönsten Gletscher der Ötztaler Alpen: Weißkugel (3.739 Meter) und Weißseespitze (3.526 Meter).

Zurück ins Etschtal. Fährt man von Reschen weiter Richtung Süden, so gelangt nach ein paar Kilometern Fahrt Kloster Marienberg ins Blickfeld, das mit einer Meereshöhe von 1.340 Metern als höchstgelegene Benediktinerabtei Europas gilt.

Bei Schluderns zweigt eine zwölf Kilometer lange Straße ins Münstertal ab, auf der man nach zwei Kilometern nach Glurns gelangt. Glurns ist mit knapp 900 Einwohnern eine der kleinsten Städte im gesamten Alpenraum. Der Ort, der strategisch günstig im Kreuz der Passstraßen in die Schweiz (Ofenpass), nach Nordtirol (Reschenpass) und nach Süden (Stilfser Joch) gelegen ist, war schon zur Römerzeit ein wichtiger Verkehrsknotenpunkt. Die günstige Lage brachte ihm im 12., 13. und 14. Jahrhundert Wohlstand ein. Bereits 1423 wurde Glurns an siebter Stelle unter den 18 Tiroler Städten genannt. Am 22. Mai 1499

Einst war Sulden ein abgeschiedener Ort am Fuße von Ortler und Königsspitze. Heute herrscht hier im Winter wie auch im Sommer Hochbetrieb.

Äpfel sind das wichtigste Exportgut des Vinschgaus. Sage und schreibe zwölf Millionen Apfelbäume wachsen hier. Die meisten aber in Form von kleinen Plantagenbäumen.

wurde die Stadt von den Schweizern nach der Schlacht an der Calva niedergebrannt und die Bevölkerung fast ausgerottet. Man ließ sich jedoch nicht unterkriegen und baute die Stadt neu auf. Dieses Mal mit einer gut befestigten Stadtmauer, die zum großen Teil immer noch zu bewundern ist. Heute gehört Glurns mit seiner Mauer und der mittelalterlichen Laubengasse zu den größten Anziehungspunkten in Südtirol.

Unweit von Glurns, hoch über Schluderns thront die Churburg, die zu den besterhaltenen Burgen Südtirols gehört. Sie wurde um das Jahr 1250 vom Fürstbischof von Chur,

König Ortler spitzt aus den Wolken.

S. 134/135: Herbstliche Impression aus dem Martelltal, einem der schönsten Seitentäler des gesamten Vinschgaus.

Herbst im einsamen Langtauferer Tal.

Heinrich von Montfort, erbaut und ging bereits im Jahr 1537 in den Besitz der Familie Trapp über, der sie auch heute noch gehört. Die Anlage wurde nie zerstört und beherbergt eine Reihe reich ausgestatteter Räume mit Kachelöfen und einer Bibliothek. Zu den größten Sehenswürdigkeiten gehört aber die Rüstkammer der Burg. Hier wird die Entwicklung der mittelalterlichen Rüstung an Originalbeispielen gezeigt. Es handelt sich nicht um eine zusammengetragene Sammlung, sondern um die originale Ausrüstung der Burgherren und Knechte. Mehr als 50 vollständig erhaltene Rüstungen sind hier zu bewundern.

Stilfser Joch und Nationalpark

Hinter Prad zweigt eine Straße ins Trafoier Tal ab. Wir nähern uns dem Stilfser Joch. Kurz hinter dem kleinen Ort Trafoi geht es los: 48 enge Kurven und 1.800 Höhenmeter sind zu überwinden, dann hat man die Passhöhe in 2.757 Metern Höhe erreicht. Das Stilfser Joch ist der höchste Gebirgspass Italiens und der zweithöchste asphaltierte Pass der Alpen. Die Straße wurde zwischen 1820 und 1826 vom österreichischen Kaiserreich gebaut, um die Lombardei, damals zum Kaiserreich gehörig, schnellstmöglich mit den anderen Teilen des Reiches zu verbinden. Heute tummeln sich hier in den wenigen Sommermonaten – die Straße ist zwischen November und Mai gesperrt – Tausende Touristen (und Motorradfahrer!). Wer mehr Ruhe haben möchte, dem bietet der angrenzende Stilfser-Joch-Nationalpark beste Möglichkeiten. Dieser Nationalpark ist 134.620 Hektar groß und zählt zu den größten Naturschutzgebieten in Europa. Das Gebiet um König Ortler wurde bereits im Jahr 1935 als Nationalpark ausgewiesen und 1977 noch mal erweitert. Der Park erstreckt sich heute über vier italienische Provinzen: die Provinz Sondrio der Region Lombardei, die Autonome Provinz Trient, die Provinz Brescia und die Provinz Südtirol. Er grenzt im Norden an den Schweizer Nationalpark im Kanton Graubünden. Mittelpunkt des Parks ist König Ortler (3.905 Meter). Der Berg ist der höchste und mächtigste Gipfel der nach ihm benannten Ortlergruppe, die sich auf fast 50 Kilometer Länge und 40 Kilometer Breite über drei italienische Provinzen hinzieht und mit über 70 Dreitausendern aufwarten kann. Der Ortler selbst steht – und das ist wichtig – vollständig auf Südtiroler Territorium.

Kurz bevor die Passstraße zum Stilfser Joch hinaufgeht, zweigt eine kleine Bergstraße nach Sulden ab. Sulden, einst ein verschlafenes Bergnest, ist heute eines der bekanntesten Skigebiete Südtirols. Jeden Winter kommen Tausende, um am Fuße von König Ortler Ski zu fahren.

Martelltal

Zurück auf die Bundesstraße, weiter Richtung Westen. Drei Kilometer nach Schlanders führt das Martelltal Richtung Süden. Das Tal ist bis

Anfang November haben sich die Lärchen goldgelb verfärbt. Vor dem langen Winter zeigt die Natur noch einmal ein prächtiges Farbenspiel wie hier im Martelltal.

Oberhalb von Schluderns liegt die Churburg, die zu den am besten erhaltenen Burgen Südtirols gehört.

Der Kirchturm von St. Peter der alten Ortschaft Graun ragt aus dem Reschenstausee. 1950 wurde der Ort im Namen des Fortschritts überflutet und ein Stausee angelegt.

Das Martelltal ist eine Perle unter den Tälern Südtirols. Neben einer grandiosen Landschaft hat das Tal auch wunderschöne alte Bauernhöfe zu bieten. Die Zeit scheint hier stillzustehen.

heute wenig touristisch erschlossen. Es ist das beste Beispiel dafür, dass nur ein paar Kilometer abseits der vollen Hauptstraßen immer noch ein völlig anderes Südtirol existiert. Die ungefähr 22 Kilometer lange Straße endet kurz hinter dem Zufrittsee und weist eine Steigung von bis zu 18 Prozent auf. Das gesamte Gebiet um das Martelltal gehört zum Nationalpark Stilfser Joch und ist ein absoluter landschaftlicher Leckerbissen. Vom Wanderparkplatz am Ende der Straße starten einige lohnende Touren z. B. zur Zufallshütte (auf 2.265 Metern) oder zur Marteller Hütte (auf 2.610 Metern).

Hauptort des Tals ist das kleine, namensgebende Dorf Martell. Eine sehr enge und kurvenreiche Straße führt hinauf zu wirklich wunderbar erhaltenen, uralten Bergbauernhöfen, die sagenhafte Ausblicke auf die gegenüberliegenden Gipfel des Saldurkammes bieten. Fast scheint es, als wäre die Zeit hier tatsächlich stehen geblieben. Wer Ruhe und Erholung sucht, der ist hier im Martelltal bestens aufgehoben.

Latsch, Kastelbell und Tschars heißen die letzten Orte im Untervinschgau, dann hat man den Eingang zum Schnalstal erreicht, die imaginäre Grenze zum Meraner Land.

Anfang November hat der Herbst im Obervinschgau dann seinen Höhepunkt erreicht. Die Laubbäume leuchten in den schönsten Farben.

S. 142: Das Klosen von Stilfs gilt als einer der ursprünglichsten Winterbräuche in Südtirol. Es ist eine Vermischung von christlicher Nikolaus-Verehrung mit anderen heidnischen Bräuchen aus der rätoromanischen Kultur.

Ähnlich wie das Klosen in Stils ist das Scheibenschlagen (hier in Prad im Obervinschgau) aus einer Mischung von christlichem und heidnischem Brauchtum hervorgegangen. Es findet immer am ersten Fastensonntag statt.

www.rosenheimer.com

Kartenskizze S. 4: Sebastian Schrank, München
Lektorat, Seitenlayout und Satz: BuchBetrieb Peggy Stelling, Leipzig
Lithografie: Stragenegg Scan, Kolbermoor
Druck und Bindung: Stürtz GmbH, Würzburg
Printed in Germany

ISBN 978-3-475-54023-3